TRANZLATY

Language is for everyone

Sproget er for alle

Aladdin and the Wonderful Lamp

Aladdin og den Vidunderlige Lampe

Antoine Galland

English / Dansk

Copyright © 2025 Tranzlaty
All rights reserved
Published by Tranzlaty
ISBN: 978-1-83566-918-1
Original text by Antoine Galland
From *"Les mille et une nuits"*
First published in French in 1704
Taken from The Blue Fairy Book
Collected and translated by Andrew Lang
www.tranzlaty.com

Once upon a time there lived a poor tailor
Der boede engang en fattig skrædder
this poor tailor had a son called Aladdin
denne stakkels skrædder havde en søn ved navn Aladdin
Aladdin was a careless, idle boy who did nothing
Aladdin var en skødesløs, ledig dreng, der intet gjorde
although, he did like to play ball all day long
selvom han kunne lide at spille bold hele dagen lang
this he did in the streets with other little idle boys
dette gjorde han på gaden med andre små ledige drenge
This so grieved the father that he died
Dette gjorde faderen så bedrøvet, at han døde
his mother cried and prayed, but nothing helped
hans mor græd og bad, men intet hjalp
despite her pleading, Aladdin did not mend his ways
på trods af hendes bøn, rettede Aladdin sig ikke op
One day, Aladdin was playing in the streets, as usual
En dag legede Aladdin som sædvanligt på gaden
a stranger asked him his age
en fremmed spurgte ham om hans alder
and he asked him, "are you not the son of Mustapha the tailor?"
og han spurgte ham: "Er du ikke søn af skrædderen Mustapha?"
"I am the son of Mustapha, sir," replied Aladdin
"Jeg er søn af Mustapha, sir," svarede Aladdin
"but he died a long time ago"
"men han døde for længe siden"
the stranger was a famous African magician
den fremmede var en berømt afrikansk tryllekunstner
and he fell on his neck and kissed him
og han faldt ham om halsen og kyssede ham
"I am your uncle," said the magician
"Jeg er din onkel," sagde tryllekunstneren
"I knew you from your likeness to my brother"
"Jeg kendte dig fra din lighed med min bror"
"Go to your mother and tell her I am coming"

- 1 -

"Gå til din mor og fortæl hende, at jeg kommer"
Aladdin ran home and told his mother of his newly found uncle
Aladdin løb hjem og fortalte sin mor om sin nyfundne onkel
"Indeed, child," she said, "your father had a brother"
"Ja, barn," sagde hun, "din far havde en bror"
"but I always thought he was dead"
"men jeg har altid troet han var død"
However, she prepared supper for the visitor
Hun forberedte dog aftensmad til den besøgende
and she bade Aladdin to seek his uncle
og hun bad Aladdin søge sin onkel
Aladdin's uncle came laden with wine and fruit
Aladdins onkel kom lastet med vin og frugt
He fell down and kissed the place where Mustapha used to sit
Han faldt ned og kyssede det sted, hvor Mustapha plejede at sidde
and he bid Aladdin's mother not to be surprised
og han bød Aladdins mor ikke at blive overrasket
he explained he had been out of the country for forty years
han forklarede, at han havde været ude af landet i fyrre år
He then turned to Aladdin and asked him his trade
Han vendte sig så til Aladdin og spurgte ham om sit fag
but the boy hung his head in shame
men drengen hang med hovedet i skam
and his mother burst into tears
og hans mor brød ud i gråd
so Aladdin's uncle offered to provide food
så Aladdins onkel tilbød at sørge for mad
The next day he bought Aladdin a fine set of clothes
Dagen efter købte han Aladdin et fint sæt tøj
and he took him all over the city
og han førte ham over hele byen
he showed him the sights of the city
han viste ham byens seværdigheder
at nightfall he brought him home to his mother

om natten bragte han ham hjem til sin mor
his mother was overjoyed to see her son so well dressed
hans mor var overlykkelig over at se sin søn så velklædt
The next day the magician led Aladdin into some beautiful gardens
Næste dag førte tryllekunstneren Aladdin ind i nogle smukke haver
this was a long way outside the city gates
dette var langt uden for byportene
They sat down by a fountain
De satte sig ved et springvand
and the magician pulled a cake from his girdle
og magikeren trak en kage fra sit bælt
he divided the cake between the two of them
han delte kagen mellem dem to
Then they journeyed onward till they almost reached the mountains
Så rejste de videre, indtil de næsten nåede bjergene
Aladdin was so tired that he begged to go back
Aladdin var så træt, at han bad om at gå tilbage
but the magician beguiled him with pleasant stories
men magikeren forledte ham med behagelige historier
and he led him on in spite of his laziness
og han førte ham videre på trods af hans dovenskab
At last they came to two mountains
Til sidst kom de til to bjerge
the two mountains were divided by a narrow valley
de to bjerge var delt af en smal dal
"We will go no farther," said the false uncle
"Vi kommer ikke længere," sagde den falske onkel
"I will show you something wonderful"
"Jeg vil vise dig noget vidunderligt"
"gather up sticks, while I kindle a fire"
"saml pinde, mens jeg tænder bål"
When the fire was lit the magician threw a powder on it
Da ilden blev tændt, kastede tryllekunstneren et pulver på den
and he said some magical words

og han sagde nogle magiske ord
The earth trembled a little and opened in front of them
Jorden rystede lidt og åbnede sig foran dem
a square flat stone revealed itself
en firkantet flad sten åbenbarede sig
and in the middle of the stone was a brass ring
og midt på stenen var der en messingring
Aladdin tried to run away
Aladdin forsøgte at løbe væk
but the magician caught him
men magikeren fangede ham
and gave him a blow that knocked him down
og gav ham et slag, der slog ham ned
"What have I done, uncle?" he said, piteously
"Hvad har jeg gjort, onkel?" sagde han ynkeligt
the magician said more kindly, "Fear nothing, but obey me"
tryllekunstneren sagde mere venligt: "Frygt intet, men adlyd mig"
"Beneath this stone lies a treasure which is to be yours"
"Under denne sten ligger en skat, som skal være din"
"and no one else may touch this treasure"
"og ingen anden må røre ved denne skat"
"so you must do exactly as I tell you"
"så du skal gøre præcis som jeg siger til dig"
At the mention of treasure Aladdin forgot his fears
Ved omtalen af skatten glemte Aladdin sin frygt
he grasped the ring as he was told
han tog fat i ringen, som han fik besked på
and he said the names of his father and grandfather
og han sagde navnene på sin far og bedstefar
The stone came up quite easily
Stenen kom ret let op
and some steps appeared in front of them
og nogle trin viste sig foran dem
"Go down," said the magician
"Gå ned," sagde tryllekunstneren
"at the foot of those steps you will find an open door"

"ved foden af disse trin finder du en åben dør"
"the door leads into three large halls"
"døren fører ind til tre store sale"
"Tuck up your gown and go through the halls"
"Sæt din kjole op og gå gennem gangene"
"make sure not to touch anything"
"sørg for ikke at røre ved noget"
"if you touch anything, you will instantly die"
"hvis du rører ved noget, dør du øjeblikkeligt"
"These halls lead into a garden of fine fruit trees"
"Disse haller fører ind til en have med fine frugttræer"
"Walk on until you reach a gap in the terrace"
"Gå videre, indtil du når et hul på terrassen"
"there you will see a lighted lamp"
"der vil du se en tændt lampe"
"Pour out the oil of the lamp"
"Hæld olien ud af lampen"
"and then bring me the lamp"
"og så bring mig lampen"
He drew a ring from his finger and gave it to Aladdin
Han trak en ring fra sin finger og gav den til Aladdin
and he bid him to prosper
og han bød ham at have fremgang
Aladdin found everything as the magician had said
Aladdin fandt alt, som tryllekunstneren havde sagt
he gathered some fruit off the trees
han samlede noget frugt fra træerne
and, having got the lamp, he arrived at the mouth of the cave
og da han havde fået Lampen, kom han til Hulens Munding
The magician cried out in a great hurry
Magikeren råbte i stor hast
"Make haste and give me the lamp"
"Skynd dig og giv mig lampen"
Aladdin refused to do this until he was out of the cave
Aladdin nægtede at gøre dette, før han var ude af hulen
The magician flew into a terrible rage
Magikeren fløj ud i et frygteligt raseri

he threw some more powder on to the fire
han kastede noget mere krudt på bålet
and then he cast another magic spell
og så kastede han endnu en magisk besværgelse
and the stone rolled back into its place
og stenen rullede tilbage på sin plads
The magician left Persia for ever
Magikeren forlod Persien for altid
this plainly showed that he was no uncle of Aladdin's
dette viste tydeligt, at han ikke var nogen onkel til Aladdin
what he really was was a cunning magician
hvad han egentlig var, var en snedig tryllekunstner
a magician who had read of a magic lamp
en tryllekunstner, der havde læst om en magisk lampe
a magic lamp which would make him the most powerful man in the world
en magisk lampe, som ville gøre ham til den mest magtfulde mand i verden
but he alone knew where to find the magic lamp
men han alene vidste, hvor han kunne finde den magiske lampe
and he could only receive the magic lamp from the hand of another
og han kunne kun modtage den magiske lampe fra en andens hånd
He had picked out the foolish Aladdin for this purpose
Han havde udvalgt den tåbelige Aladdin til dette formål
he had intended to get the magical lamp and kill him afterwards
han havde tænkt sig at hente den magiske lampe og dræbe ham bagefter
For two days Aladdin remained in the dark
I to dage forblev Aladdin i mørket
he cried and lamented his situation
han græd og beklagede sin situation
At last he clasped his hands in prayer
Til sidst slog han hænderne sammen i bøn

and in so doing he rubbed the ring
og derved gned han ringen
the magician had forgotten to take the ring back from him
tryllekunstneren havde glemt at tage ringen tilbage fra ham
Immediately an enormous and frightful genie rose out of the earth
Straks steg en enorm og forfærdelig ånd op af jorden
"What would thou have me do?"
"Hvad vil du have mig til at gøre?"
"I am the Slave of the Ring"
"Jeg er ringens slave"
"and I will obey thee in all things"
"og jeg vil adlyde dig i alle ting"
Aladdin fearlessly replied: "Deliver me from this place!"
Aladdin svarede frygtløst: "Befri mig fra dette sted!"
and the earth opened above him
og jorden åbnede sig over ham
and he found himself outside
og han befandt sig udenfor
As soon as his eyes could bear the light he went home
Så snart hans øjne kunne bære lyset, gik han hjem
but he fainted when he got there
men han besvimede, da han kom dertil
When he came to himself he told his mother what had happened
Da han kom til sig selv, fortalte han sin mor, hvad der var sket
and he showed her the lamp
og han viste hende lampen
and he showed her the fruits he had gathered in the garden
og han viste hende de frugter, han havde samlet i haven
the fruits were, in reality, precious stones
frugterne var i virkeligheden ædelstene
He then asked for some food
Så bad han om noget mad
"Alas! child," she said
"Ak! barn," sagde hun
"I have no food in the house"

"Jeg har ingen mad i huset"
"but I have spun a little cotton"
"men jeg har spundet lidt bomuld"
"and I will go and sell the cotton"
"og jeg vil gå og sælge bomulden"
Aladdin bade her keep her cotton
Aladdin bad hende beholde sit bomuld
he told her he would sell the magic lamp instead of the cotton
han fortalte hende, at han ville sælge den magiske lampe i stedet for bomuld
As it was very dirty she began to rub the magic lamp
Da det var meget snavset, begyndte hun at gnide den magiske lampe
a clean magic lamp might fetch a higher price
en ren magisk lampe kan få en højere pris
Instantly a hideous genie appeared
Øjeblikkeligt dukkede en hæslig ånd op
he asked what she would like to have
han spurgte, hvad hun gerne ville have
at the sight of the genie she fainted
ved synet af ånden besvimede hun
but Aladdin, snatching the magic lamp, said boldly:
men Aladdin snuppede den magiske lampe og sagde dristigt:
"Fetch me something to eat!"
"Hent mig noget at spise!"
The genie returned with a silver bowl
Anden vendte tilbage med en sølvskål
he had twelve silver plates containing rich meats
han havde tolv sølvfade med rigt kød
and he had two silver cups and two bottles of wine
og han havde to sølvbægre og to flasker vin
Aladdin's mother, when she came to herself, said:
Aladdins mor sagde, da hun kom til sig selv:
"Whence comes this splendid feast?"
"Hvor kommer denne pragtfulde fest?"
"Ask not where this food came from, but eat, mother,"

replied Aladdin
"Spørg ikke, hvor denne mad kom fra, men spis, mor," svarede Aladdin
So they sat at breakfast till it was dinner-time
Så de sad ved morgenmaden, indtil det var middagstid
and Aladdin told his mother about the magic lamp
og Aladdin fortalte sin mor om den magiske lampe
She begged him to sell the magic lamp
Hun bad ham om at sælge den magiske lampe
"let us have nothing to do with devils"
"lad os ikke have noget med djævle at gøre"
but Aladdin had thought it would be wiser to use the magic lamp
men Aladdin havde troet, at det ville være klogere at bruge den magiske lampe
"chance hath made us aware of the magic lamp's virtues"
"tilfældigheder har gjort os opmærksomme på den magiske lampes dyder"
"we will use the magic lamp, and we will use the ring"
"vi vil bruge den magiske lampe, og vi vil bruge ringen"
"I shall always wear the ring on my finger"
"Jeg vil altid bære ringen på min finger"
When they had eaten all the genie had brought, Aladdin sold one of the silver plates
Da de havde spist alt, hvad ånden havde medbragt, solgte Aladdin en af sølvpladerne
and when he needed money again he sold the next plate
og da han havde brug for penge igen, solgte han den næste tallerken
he did this until no plates were left
han gjorde dette indtil ingen plader var tilbage
He then made another wish to the genie
Så fremsatte han endnu et ønske til ånden
and the genie gave him another set of plates
og ånden gav ham endnu et sæt tallerkener
and in this way they lived for many years
og på den måde levede de i mange år

One day Aladdin heard an order from the Sultan
En dag hørte Aladdin en ordre fra sultanen
everyone was to stay at home and close their shutters
alle skulle blive hjemme og lukke deres skodder
the Princess was going to and from her bath
prinsessen skulle til og fra sit bad
Aladdin was seized by a desire to see her face
Aladdin blev grebet af et ønske om at se hendes ansigt
although it was very difficult to see her face
selvom det var meget svært at se hendes ansigt
because everywhere she went she wore a veil
for overalt, hvor hun gik, bar hun et slør
He hid himself behind the door of the bath
Han gemte sig bag døren til badet
and he peeped through a chink in the door
og han kiggede gennem en sprække i døren
The Princess lifted her veil as she went in to the bath
Prinsessen løftede sit slør, da hun gik ind i badet
and she looked so beautiful that Aladdin instantly fell in love with her
og hun så så smuk ud, at Aladdin øjeblikkeligt blev forelsket i hende
He went home so changed that his mother was frightened
Han gik hjem så forandret, at hans mor blev bange
He told her he loved the Princess so deeply that he could not live without her
Han fortalte hende, at han elskede prinsessen så dybt, at han ikke kunne leve uden hende
and he wanted to ask her in marriage of her father
og han ville spørge hende i ægteskab med hendes far
His mother, on hearing this, burst out laughing
Da hans mor hørte dette, brød han ud i grin
but Aladdin finally convinced her to go to the Sultan
men Aladdin overbeviste hende endelig om at gå til sultanen
and she was going to carry his request
og hun ville udføre hans anmodning
She fetched a napkin and laid in it the magic fruits

Hun hentede en serviet og lagde de magiske frugter i den
the magic fruits from the enchanted garden
de magiske frugter fra den fortryllede have
the fruits sparkled and shone like the most beautiful jewels
frugterne funklede og skinnede som de smukkeste juveler
She took the magic fruits with her to please the Sultan
Hun tog de magiske frugter med sig for at behage sultanen
and she set out, trusting in the lamp
og hun gik af sted, stolende på lampen
The Grand Vizier and the lords of council had just gone into the palace
Storvesiren og rådsherrerne var lige gået ind i paladset
and she placed herself in front of the Sultan
og hun stillede sig foran sultanen
He, however, took no notice of her
Han lagde dog ikke mærke til hende
She went every day for a week
Hun gik hver dag i en uge
and she stood in the same place
og hun stod på samme sted
When the council broke up on the sixth day the Sultan said to his Vizier:
Da rådet brød op på den sjette dag sagde sultanen til sin vesir:
"I see a certain woman in the audience-chamber every day"
"Jeg ser en bestemt kvinde i publikumssalen hver dag"
"she is always carrying something in a napkin"
"hun har altid noget i en serviet"
"Call her to come to us, next time"
"Ring til hende for at komme til os næste gang"
"so that I may find out what she wants"
"så jeg kan finde ud af hvad hun vil"
Next day the Vizier gave her a sign
Næste dag gav vesiren hende et tegn
she went up to the foot of the throne
hun gik op til tronens fod
and she remained kneeling till the Sultan spoke to her
og hun blev ved at knæle, indtil sultanen talte til hende

"Rise, good woman, tell me what you want"
"Rejs dig, gode kvinde, fortæl mig hvad du vil"
She hesitated, so the Sultan sent away all but the Vizier
Hun tøvede, så sultanen sendte alle undtagen vesiren væk
and he bade her to speak frankly
og han bad hende tale ærligt
and he promised to forgive her for anything she might say
og han lovede at tilgive hende for alt, hvad hun måtte sige
She then told him of her son's great love for the Princess
Hun fortalte ham så om sin søns store kærlighed til prinsessen
"I prayed for him to forget her," she said
"Jeg bad om, at han skulle glemme hende," sagde hun
"but my prayers were in vain"
"men mine bønner var forgæves"
"he threatened to do some desperate deed if I refused to go"
"han truede med at gøre en desperat gerning, hvis jeg nægtede at gå"
"and so I ask your Majesty for the hand of the Princess"
"og så beder jeg Deres Majestæt om Prinsessens hånd"
"but now I pray you to forgive me"
"men nu beder jeg dig tilgive mig"
"and I pray that you forgive my son Aladdin"
"og jeg beder til, at du tilgiver min søn Aladdin"
The Sultan asked her kindly what she had in the napkin
Sultanen spurgte hende venligt, hvad hun havde i servietten
so she unfolded the napkin
så hun foldede servietten ud
and she presented the jewels to the Sultan
og hun præsenterede juvelerne for sultanen
He was thunderstruck by the beauty of the jewels
Han blev tordnet over juvelernes skønhed
and he turned to the Vizier and asked, "What sayest thou?"
og han vendte sig mod vesiren og spurgte: "Hvad siger du?"
"Ought I not to bestow the Princess on one who values her at such a price?"
"Bør jeg ikke skænke prinsessen til en, der værdsætter hende til sådan en pris?"

The Vizier wanted her for his own son
Vizieren ville have hende til sin egen søn
so he begged the Sultan to withhold her for three months
så han bad sultanen om at holde hende tilbage i tre måneder
perhaps within the time his son would contrive to make a richer present
måske inden for den tid, hans søn ville finde på at gøre en rigere gave
The Sultan granted the wish of his Vizier
Sultanen opfyldte sin vesirs ønske
and he told Aladdin's mother that he consented to the marriage
og han fortalte Aladdins mor, at han indvilligede i ægteskabet
but she was not allowed appear before him again for three months
men hun fik ikke lov at vise sig for ham igen i tre måneder
Aladdin waited patiently for nearly three months
Aladdin ventede tålmodigt i næsten tre måneder
after two months had elapsed his mother went to go to the market
efter to måneder gik hans mor for at gå på markedet
she was going into the city to buy oil
hun skulle ind til byen for at købe olie
when she got to the market she found every one rejoicing
da hun kom til markedet, fandt hun alle glade
so she asked what was going on
så hun spurgte, hvad der foregik
"Do you not know?" was the answer
"Ved du det ikke?" var svaret
"the son of the Grand Vizier is to marry the Sultan's daughter tonight"
"storvesirens søn skal giftes med sultanens datter i aften"
Breathless, she ran and told Aladdin
Forpustet løb hun og fortalte det til Aladdin
at first Aladdin was overwhelmed
i første omgang var Aladdin overvældet
but then he thought of the magic lamp and rubbed it

men så tænkte han på den magiske lampe og gned den
once again the genie appeared out of the lamp
endnu en gang dukkede ånden ud af lampen
"What is thy will?" asked the genie
"Hvad er din vilje?" spurgte ånden
"The Sultan, as thou knowest, has broken his promise to me"
"Sultanen, som du ved, har brudt sit løfte til mig"
"the Vizier's son is to have the Princess"
"vesirens søn skal have prinsessen"
"My command is that tonight you bring the bride and bridegroom"
"Min befaling er, at du i aften bringer bruden og brudgommen"
"Master, I obey," said the genie
"Mester, jeg adlyder," sagde ånden
Aladdin then went to his chamber
Aladdin gik derefter til sit kammer
sure enough, at midnight the genie transported a bed
ganske rigtigt, ved midnat transporterede ånden en seng
and the bed contained the Vizier's son and the Princess
og sengen indeholdt vesirens søn og prinsessen
"Take this new-married man, genie," he said
"Tag denne nygifte mand, genie," sagde han
"put him outside in the cold for the night"
"sæt ham udenfor i kulden for natten"
"then return the couple again at daybreak"
"så returner parret igen ved daggry"
So the genie took the Vizier's son out of bed
Så ånden tog vesirens søn ud af sengen
and he left Aladdin with the Princess
og han forlod Aladdin med prinsessen
"Fear nothing," Aladdin said to her, "you are my wife"
"Frygt ingenting," sagde Aladdin til hende, "du er min kone"
"you were promised to me by your unjust father"
"du blev lovet mig af din uretfærdige far"
"and no harm shall come to you"
"og ingen skade skal komme dig"

The Princess was too frightened to speak
Prinsessen var for bange til at tale
and she passed the most miserable night of her life
og hun tilbragte den mest elendige nat i sit liv
although Aladdin lay down beside her and slept soundly
selvom Aladdin lagde sig ved siden af hende og sov dybt
At the appointed hour the genie fetched in the shivering bridegroom
På den aftalte time hentede ånden den sitrende brudgom
he laid him in his place
han lagde ham på sit sted
and he transported the bed back to the palace
og han transporterede sengen tilbage til paladset
Presently the Sultan came to wish his daughter good-morning
Kort efter kom sultanen for at ønske sin datter godmorgen
The unhappy Vizier's son jumped up and hid himself
Den ulykkelige vesirs søn sprang op og gemte sig
and the Princess would not say a word
og prinsessen ville ikke sige et ord
and she was very sorrowful
og hun var meget bedrøvet
The Sultan sent her mother to her
Sultanen sendte sin mor til hende
"Why will you not speak to your father, child?"
"Hvorfor vil du ikke tale med din far, barn?"
"What has happened?" she asked
"Hvad er der sket?" spurgte hun
The Princess sighed deeply
Prinsessen sukkede dybt
and at last she told her mother what had happened
og til sidst fortalte hun sin mor, hvad der var sket
she told her how the bed had been carried into some strange house
hun fortalte hende, hvordan sengen var blevet båret ind i et fremmed hus
and she told of what had happened in the house

og hun fortalte om, hvad der var sket i huset
Her mother did not believe her in the least
Hendes mor troede ikke det mindste på hende
and she bade her to consider it an idle dream
og hun bad hende betragte det som en inaktiv drøm
The following night exactly the same thing happened
Den følgende nat skete præcis det samme
and the next morning the princess wouldn't speak either
og næste morgen ville prinsessen heller ikke tale
on the Princess's refusal to speak, the Sultan threatened to cut off her head
på Prinsessens nægtelse af at tale, truede sultanen med at skære hendes hoved af
She then confessed all that had happened
Så tilstod hun alt, hvad der var sket
and she bid him to ask the Vizier's son
og hun bød ham at spørge vesirens søn
The Sultan told the Vizier to ask his son
Sultanen bad vesiren spørge sin søn
and the Vizier's son told the truth
og vesirens søn fortalte sandheden
he added that he dearly loved the Princess
han tilføjede, at han elskede prinsessen højt
"but I would rather die than go through another such fearful night"
"men jeg vil hellere dø end at gå igennem endnu en sådan frygtelig nat"
and he wished to be separated from her, which was granted
og han ønskede at blive skilt fra hende, hvilket blev givet
and then there was an end to the feasting and rejoicing
og så var det slut med festen og jubelen
then the three months were over
så var de tre måneder forbi
Aladdin sent his mother to remind the Sultan of his promise
Aladdin sendte sin mor for at minde sultanen om hans løfte
She stood in the same place as before
Hun stod samme sted som før

the Sultan had forgotten Aladdin
sultanen havde glemt Aladdin
but at once he remembered him again
men straks huskede han ham igen
and he asked for her to come to him
og han bad hende komme til ham
On seeing her poverty the Sultan felt less inclined than ever to keep his word
Da sultanen så hendes fattigdom, følte han sig mindre tilbøjelig end nogensinde til at holde sit ord
and he asked his Vizier's advice
og han spurgte sin vesir til råds
he counselled him to set a high value on the Princess
han rådede ham til at sætte en høj værdi på prinsessen
a price so high that no man alive could come afford her
en pris så høj, at ingen mand i live kunne få råd til hende
The Sultan then turned to Aladdin's mother, saying:
Sultanen vendte sig så til Aladdins mor og sagde:
"Good woman, a Sultan must remember his promises"
"God kvinde, en sultan skal huske sine løfter"
"and I will remember my promise"
"og jeg vil huske mit løfte"
"but your son must first send me forty basins of gold"
"men din søn skal først sende mig fyrre kummer af guld"
"and the gold basins must be full of jewels"
"og guldbassinerne skal være fulde af juveler"
"and they must be carried by forty black camels"
"og de skal bæres af fyrre sorte kameler"
"and in front of each black camel there is to be a white camel"
"og foran hver sort kamel skal der være en hvid kamel"
"and all the camels are to be splendidly dressed"
"og alle kamelerne skal klædes pragtfuldt"
"Tell him that I await his answer"
"Sig til ham, at jeg venter på hans svar"
The mother of Aladdin bowed low
Aladdins mor bukkede lavt

and then she went home
og så gik hun hjem
although she thought all was lost
selvom hun troede, at alt var tabt
She gave Aladdin the message
Hun gav Aladdin beskeden
and she added, "He may wait long enough for your answer!"
og hun tilføjede: "Han kan vente længe nok på dit svar!"
"Not so long as you think, mother," her son replied
"Ikke så længe du tror, mor," svarede hendes søn
"I would do a great deal more than that for the Princess"
"Jeg ville gøre meget mere end det for prinsessen"
and he summoned the genie again
og han tilkaldte ånden igen
and in a few moments the eighty camels arrived
og i løbet af få øjeblikke ankom de firs kameler
and they took up all space in the small house and garden
og de tog al plads i det lille hus og have
Aladdin made the camels set out to the palace
Aladdin fik kamelerne til at tage ud til paladset
and the camels were followed by his mother
og kamelerne blev fulgt af hans mor
The camels were very richly dressed
Kamelerne var meget rigt klædt
and splendid jewels were on the girdles of the camels
og prægtige Smykker var paa Kamelernes Bælte
and everyone crowded around to see the camels
og alle stimlede rundt for at se kamelerne
and they saw the basins of gold the camels carried on their backs
og de så de guldbassiner, som kamelerne bar på deres ryg
They entered the palace of the Sultan
De gik ind i sultanens palads
and the camels kneeled before him in a semi circle
og kamelerne knælede foran ham i en halvcirkel
and Aladdin's mother presented the camels to the Sultan
og Aladdins mor præsenterede kamelerne for sultanen

He hesitated no longer, but said:
Han tøvede ikke længere, men sagde:
"Good woman, return to your son"
"God kvinde, vend tilbage til din søn"
"tell him that I wait for him with open arms"
"fortæl ham, at jeg venter på ham med åbne arme"
She lost no time in telling Aladdin
Hun brugte ikke tid på at fortælle det til Aladdin
and she bid him to make haste
og hun bød ham at skynde sig
But Aladdin first called for the genie
Men Aladdin efterlyste først ånden
"I want a scented bath," he said
"Jeg vil have et duftbad," sagde han
"and I want a horse more beautiful than the Sultan's"
"og jeg vil have en hest smukkere end sultanens"
"and I want twenty servants to attend to me"
"og jeg vil have tyve tjenere til at passe mig"
"and I also want six beautifully dressed servants to wait on my mother"
"og jeg vil også have seks smukt klædte tjenere til at vente på min mor"
"and lastly, I want ten thousand pieces of gold in ten purses"
"og til sidst vil jeg have ti tusinde stykker guld i ti punge"
No sooner had he said what he wanted and it was done
Ikke før havde han sagt, hvad han ville, og det blev gjort
Aladdin mounted his beautiful horse
Aladdin steg op på sin smukke hest
and he passed through the streets
og han gik gennem gaderne
the servants cast gold into the crowd as they went
tjenerne kastede guld ind i mængden, mens de gik
Those who had played with him in his childhood knew him not
De, der havde leget med ham i hans barndom, kendte ham ikke
he had grown very handsome

han var blevet meget smuk
When the Sultan saw him he came down from his throne
Da sultanen så ham, steg han ned fra sin trone
he embraced his new son-in-law with open arms
han omfavnede sin nye svigersøn med åbne arme
and he led him into a hall where a feast was spread
og han førte ham ind i en sal, hvor der blev holdt gilde
he intended to marry him to the Princess that very day
han havde til hensigt at gifte ham med prinsessen samme dag
But Aladdin refused to marry straight away
Men Aladdin nægtede at gifte sig med det samme
"first I must build a palace fit for the princess"
"først skal jeg bygge et palads, der passer til prinsessen"
and then he took his leave
og så tog han afsked
Once home, he said to the genie:
Da han var hjemme, sagde han til ånden:
"Build me a palace of the finest marble"
"Byg mig et palads af den fineste marmor"
"set the palace with jasper, agate, and other precious stones"
"sæt paladset med jaspis, agat og andre ædelsten"
"In the middle of the palace you shall build me a large hall with a dome"
"Midt i paladset skal du bygge mig en stor sal med en kuppel"
"the four walls of the hall will be of masses of gold and silver"
"hallens fire vægge vil være af masser af guld og sølv"
"and each wall will have six windows"
"og hver væg vil have seks vinduer"
"and the lattices of the windows will be set with precious jewels"
"og vinduernes gitter skal være besat med kostbare juveler"
"but there must be one window that is not decorated"
"men der skal være et vindue, der ikke er dekoreret"
"go see that it gets done!"
"gå og se, at det bliver gjort!"
The palace was finished by the next day

Paladset stod færdigt næste dag
the genie carried him to the new palace
ånden bar ham til det nye palads
and he showed him how all his orders had been faithfully carried out
og han viste ham, hvordan alle hans ordrer var blevet trofast udført
even a velvet carpet had been laid from Aladdin's palace to the Sultan's
selv et fløjlstæppe var blevet lagt fra Aladdins palads til sultanens
Aladdin's mother then dressed herself carefully
Aladdins mor klædte sig derefter omhyggeligt på
and she walked to the palace with her servants
og hun gik til slottet med sine tjenere
and Aladdin followed her on horseback
og Aladdin fulgte hende til hest
The Sultan sent musicians with trumpets and cymbals to meet them
Sultanen sendte musikere med trompeter og bækkener for at møde dem
so the air resounded with music and cheers
så luften rungede af musik og jubel
She was taken to the Princess, who saluted her
Hun blev ført til prinsessen, som hilste hende
and she treated her with great honour
og hun behandlede hende med stor ære
At night the Princess said good-bye to her father
Om natten sagde prinsessen farvel til sin far
and she set out on the carpet for Aladdin's palace
og hun begav sig ud på tæppet til Aladdins palads
his mother was at her side
hans mor var ved hendes side
and they were followed by their entourage of servants
og de blev fulgt af deres følge af tjenere
She was charmed at the sight of Aladdin
Hun blev charmeret ved synet af Aladdin

and Aladdin ran to receive her into the palace
og Aladdin løb for at tage imod hende i paladset
"Princess," he said, "blame your beauty for my boldness"
"Prinsesse," sagde han, "beskylder din skønhed for min dristighed"
"I hope I have not displeased you"
"Jeg håber ikke, jeg har gjort dig utilfreds"
she said she willingly obeyed her father in this matter
hun sagde, at hun villigt adlød sin far i denne sag
because she had seen that he is handsome
fordi hun havde set, at han er smuk
After the wedding had taken place Aladdin led her into the hall
Efter at brylluppet havde fundet sted, førte Aladdin hende ind i salen
a great feast was spread out in the hall
et stort gilde blev spredt ud i salen
and she supped with him
og hun spiste med ham
after eating they danced till midnight
efter at have spist dansede de til midnat
The next day Aladdin invited the Sultan to see the palace
Næste dag inviterede Aladdin sultanen til at se paladset
they entered the hall with the four-and-twenty windows
de gik ind i hallen med de fire-og-tyve vinduer
the windows were decorated with rubies, diamonds, and emeralds
vinduerne var dekoreret med rubiner, diamanter og smaragder
he cried, "The palace is one of the wonders of the world!"
råbte han: "Paladset er et af verdens vidundere!"
"There is only one thing that surprises me"
"Der er kun én ting, der overrasker mig"
"Was it by accident that one window was left unfinished?"
"Var det tilfældigt, at det ene vindue blev efterladt ufærdigt?"
"No, sir, it was done so by design," replied Aladdin
"Nej, sir, det blev gjort af planen," svarede Aladdin

"I wished your Majesty to have the glory of finishing this palace"
"Jeg ønskede Deres Majestæt at få æren af at færdiggøre dette palads"
The Sultan was pleased to be given this honour
Sultanen var glad for at blive givet denne ære
and he sent for the best jewellers in the city
og han sendte bud efter de bedste juvelerer i byen
He showed them the unfinished window
Han viste dem det ufærdige vindue
and he bade them to decorate the window like the others
og han bad dem pynte vinduet ligesom de andre
"Sir," replied their spokesman
"Herre," svarede deres talsmand
"we cannot find enough jewels"
"vi kan ikke finde nok juveler"
so the Sultan had his own jewels fetched
så sultanen fik sine egne juveler hentet
but those jewels were soon used up too
men de juveler var også snart brugt op
even after a month's time the work was not half done
selv efter en måneds tid var arbejdet ikke halvt færdigt
Aladdin knew that their task was impossible
Aladdin vidste, at deres opgave var umulig
he bade them to undo their work
han bad dem om at fortryde deres arbejde
and he bade them to carry the jewels back
og han bad dem bære juvelerne tilbage
the genie finished the window at his command
ånden afsluttede vinduet på hans kommando
The Sultan was surprised to receive his jewels again
Sultanen var overrasket over at modtage sine juveler igen
he visited Aladdin, who showed him the finished window
han besøgte Aladdin, som viste ham det færdige vindue
and the Sultan embraced his son in law
og sultanen omfavnede sin svigersøn
meanwhile, the envious Vizier suspected the work of

enchantment
i mellemtiden mistænkte den misundelige vesir arbejdet for fortryllelse

Aladdin had won the hearts of the people by his gentle manner
Aladdin havde vundet folkets hjerter på sin milde måde

He was made captain of the Sultan's armies
Han blev gjort til kaptajn for sultanens hære

and he won several battles for his army
og han vandt flere slag for sin hær

but he remained as modest and courteous as before
men han forblev lige så beskeden og høflig som før

in this way he lived in peace and content for several years
på den måde levede han i fred og tilfredshed i flere år

But far away in Africa the magician remembered Aladdin
Men langt væk i Afrika huskede tryllekunstneren Aladdin

and by his magic arts he discovered Aladdin hadn't perished in the cave
og ved sin magiske kunst opdagede han, at Aladdin ikke var omkommet i hulen

but instead of perishing, he had escaped and married the princess
men i stedet for at gå til grunde, var han flygtet og giftet sig med prinsessen

and now he was living in great honour and wealth
og nu levede han i stor ære og rigdom

He knew that the poor tailor's son could only have accomplished this by means of the magic lamp
Han vidste, at den stakkels skræddersøn kun kunne have opnået dette ved hjælp af den magiske lampe

and he travelled night and day until he reached the city
og han rejste nat og dag, indtil han nåede byen

he was bent on making sure of Aladdin's ruin
han var opsat på at sikre sig Aladdins ruin

As he passed through the town he heard people talking
Da han gik gennem byen, hørte han folk snakke

all they could talk about was the marvellous palace

det eneste, de kunne tale om, var det vidunderlige palads
"Forgive my ignorance," he asked
"Tilgiv min uvidenhed," spurgte han
"what is this palace you speak of?"
"hvad er det for et palads, du taler om?"
"Have you not heard of Prince Aladdin's palace?" was the reply
"Har du ikke hørt om prins Aladdins palads?" var svaret
"the palace is one of the greatest wonders of the world"
"paladset er et af verdens største vidundere"
"I will direct you to the palace, if you would like to see it"
"Jeg vil henvise dig til paladset, hvis du vil se det"
The magician thanked him for bringing him to the palace
Magikeren takkede ham for at have bragt ham til paladset
and having seen the palace, he knew that it had been built by the Genie of the Lamp
og da han havde set paladset, vidste han, at det var bygget af Lampens Ånd
this made him half mad with rage
dette gjorde ham halvt sur af raseri
He was determined to get hold of the magic lamp
Han var fast besluttet på at få fat i den magiske lampe
and he was going to plunge Aladdin into the deepest poverty again
og han skulle kaste Aladdin ud i den dybeste fattigdom igen
Unluckily, Aladdin had gone on a hunting trip for eight days
Uheldigvis var Aladdin gået på jagttur i otte dage
this gave the magician plenty of time
dette gav tryllekunstneren masser af tid
He bought a dozen copper lamps
Han købte et dusin kobberlamper
and he put the copper lamps into a basket
og han lagde kobberlamperne i en kurv
and then he went to the palace
og så gik han til slottet
"New lamps for old lamps!" he exclaimed

"Nye lamper til gamle lamper!" udbrød han
and he was followed by a jeering crowd
og han blev fulgt af en hånende skare
The Princess was sitting in the hall of four-and-twenty windows
Prinsessen sad i hallen med fire-og-tyve vinduer
she sent a servant to find out what the noise was about
hun sendte en tjener for at finde ud af, hvad støjen handlede om
the servant came back laughing so much that the Princess scolded her
tjeneren kom tilbage og lo så meget, at prinsessen skældte hende ud
"Madam," replied the servant
"Fru," svarede tjeneren
"who can help but laughing when you see such a thing?"
"hvem kan lade være med at grine, når man ser sådan noget?"
"an old fool is offering to exchange fine new lamps for old lamps"
"et gammelt fjols tilbyder at bytte fine nye lamper til gamle lamper"
Another servant, hearing this, spoke up
En anden tjener, der hørte dette, talte op
"There is an old lamp on the cornice which he can have"
"Der er en gammel lampe på gesimsen, som han kan få"
this, of course, was the magic lamp
dette var selvfølgelig den magiske lampe
Aladdin had left the magic lamp there, as he could not take it with him
Aladdin havde efterladt den magiske lampe der, da han ikke kunne tage den med sig
The Princess didn't know know the lamp's value
Prinsessen vidste ikke lampens værdi
laughingly, she bade the servant to exchange the magic lamp
leende bad hun tjeneren bytte den magiske lampe
the servant took the lamp to the magician
tjeneren tog lampen til magikeren

"Give me a new lamp for this lamp," she said
"Giv mig en ny lampe til denne lampe," sagde hun
He snatched the lamp and bade the servant to pick another lamp
Han snuppede lampen og bad tjeneren vælge en anden lampe
and the entire crowd jeered at the sight
og hele mængden hånede ved synet
but the magician cared little for the crowd
men magikeren brød sig lidt om mængden
he left the crowd with the magic lamp he had set out to get
han forlod mængden med den magiske lampe, han havde sat sig for at hente
and he went out of the city gates to a lonely place
og han gik ud af byportene til et ensomt sted
there he remained till nightfall
der blev han til natten
and at nightfall he pulled out the magic lamp and rubbed it
og ved mørkets frembrud trak han den magiske lampe frem og gned den
The genie appeared to the magician
Ånden viste sig for tryllekunstneren
and the magician made his command to the genie
og magikeren gav sin befaling til ånden
"carry me, the princess, and the palace to a lonely place in Africa"
"bær mig, prinsessen og paladset til et ensomt sted i Afrika"
Next morning the Sultan looked out of the window toward Aladdin's palace
Næste morgen kiggede sultanen ud af vinduet mod Aladdins palads
and he rubbed his eyes when he saw the palace was gone
og han gned sig i øjnene, da han så, at paladset var væk
He sent for the Vizier and asked what had become of the palace
Han sendte bud efter vesiren og spurgte, hvad der var blevet af paladset
The Vizier looked out too, and was lost in astonishment

Vizieren kiggede også ud og var forbløffet
He again put the events down to enchantment
Han satte igen begivenhederne ned til fortryllelse
and this time the Sultan believed him
og denne gang troede sultanen ham
he sent thirty men on horseback to fetch Aladdin in chains
han sendte tredive mand til hest for at hente Aladdin i lænker
They met him riding home
De mødte ham kørende hjem
they bound him and forced him to go with them on foot
de bandt ham og tvang ham til at gå med dem til fods
The people, however, who loved him, followed them to the palace
Men de mennesker, der elskede ham, fulgte efter dem til paladset
they would make sure that he came to no harm
de ville sørge for, at han ikke kom til skade
He was carried before the Sultan
Han blev båret foran sultanen
and the Sultan ordered the executioner to cut off his head
og sultanen beordrede bødlen til at skære hans hoved af
The executioner made Aladdin kneel down before a block of wood
Bødlen fik Aladdin til at knæle ned foran en træklods
he bandaged his eyes so that he could not see
han forbandt sine øjne, så han ikke kunne se
and he raised his scimitar to strike
og han rejste sin læder for at slå
At that instant the Vizier saw the crowd had forced their way into the courtyard
I det øjeblik så vesiren, at mængden var trængt ind i gården
they were scaling the walls to rescue Aladdin
de var ved at skalere væggene for at redde Aladdin
so he called to the executioner to halt
så han kaldte på bødlen om at standse
The people, indeed, looked so threatening that the Sultan gave way

Folket så faktisk så truende ud, at sultanen gav efter
and he ordered Aladdin to be unbound
og han beordrede Aladdin til at blive ubundet
he pardoned him in the sight of the crowd
han benådede ham i folkemængdens syn
Aladdin now begged to know what he had done
Aladdin bad nu om at få at vide, hvad han havde gjort
"False wretch!" said the Sultan, "come thither"
"Falsk stakkel!" sagde sultanen, "kom derhen"
he showed him from the window the place where his palace had stood
han viste ham fra vinduet det sted, hvor hans palads havde stået
Aladdin was so amazed that he could not say a word
Aladdin var så forbløffet, at han ikke kunne sige et ord
"Where are my palace and my daughter?" demanded the Sultan
"Hvor er mit palads og min datter?" krævede sultanen
"For the palace I am not so deeply concerned"
"For paladset er jeg ikke så dybt bekymret"
"but my daughter I must have"
"men min datter skal jeg have"
"and you must find her, or lose your head"
"og du skal finde hende, eller tabe hovedet"
Aladdin begged to be granted forty days in which to find her
Aladdin bad om at få 40 dage til at finde hende
he promised that if he failed he would return
han lovede, at hvis han fejlede, ville han vende tilbage
and on his return he would suffer death at the Sultan's pleasure
og ved sin tilbagevenden ville han lide døden efter sultanens behag
His prayer was granted by the Sultan
Hans bøn blev givet af sultanen
and he went forth sadly from the Sultan's presence
og han gik bedrøvet ud fra sultanens nærhed

For three days he wandered about like a madman
I tre dage vandrede han rundt som en gal
he asked everyone what had become of his palace
han spurgte alle, hvad der var blevet af hans palads
but they only laughed and pitied him
men de lo kun og havde ondt af ham
He came to the banks of a river
Han kom til bredden af en flod
he knelt down to say his prayers before throwing himself in
han knælede ned for at bede sine bønner, før han kastede sig ind
In so doing he rubbed the magic ring he still wore
Dermed gned han den magiske ring, han stadig bar
The genie he had seen in the cave appeared
Ånden, han havde set i hulen, dukkede op
and he asked him what his will was
og han spurgte ham, hvad hans vilje var
"Save my life, genie," said Aladdin
"Red mit liv, genie," sagde Aladdin
"bring my palace back"
"bring mit palads tilbage"
"That is not in my power," said the genie
"Det er ikke i min magt," sagde ånden
"I am only the Slave of the Ring"
"Jeg er kun ringens slave"
"you must ask him for the magic lamp"
"du skal bede ham om den magiske lampe"
"that might be true," said Aladdin
"Det kan være sandt," sagde Aladdin
"but thou canst take me to the palace"
"men du kan tage mig med til paladset"
"set me down under my dear wife's window"
"sæt mig ned under min kære kones vindue"
He at once found himself in Africa
Han befandt sig straks i Afrika
he was under the window of the Princess
han var under Prinsessens Vindue

and he fell asleep out of sheer weariness
og han faldt i søvn af ren træthed
He was awakened by the singing of the birds
Han blev vækket af fuglenes sang
and his heart was lighter than it was before
og hans hjerte var lettere, end det var før
He saw that all his misfortunes were due to the loss of the magic lamp
Han så, at alle hans ulykker skyldtes tabet af den magiske lampe
and he vainly wondered who had robbed him of his magic lamp
og han undrede sig forgæves, hvem der havde frarøvet ham hans magiske lampe
That morning the Princess rose earlier than she normally
Den morgen stod prinsessen op tidligere end hun plejer
once a day she was forced to endure the magicians company
en gang om dagen blev hun tvunget til at udholde tryllekunstnernes selskab
She, however, treated him very harshly
Hun behandlede ham dog meget hårdt
so he dared not live with her in the palace
så han turde ikke bo hos hende i paladset
As she was dressing, one of her women looked out and saw Aladdin
Mens hun klædte sig på, kiggede en af hendes kvinder ud og så Aladdin
The Princess ran and opened the window
Prinsessen løb og åbnede vinduet
at the noise she made Aladdin looked up
ved den lyd, hun lavede, så Aladdin op
She called to him to come to her
Hun kaldte på ham om at komme til hende
it was a great joy for the lovers to see each other again
det var en stor glæde for de elskende at se hinanden igen
After he had kissed her Aladdin said:
Efter at han havde kysset hende sagde Aladdin:

"I beg of you, Princess, in God's name"
"Jeg beder dig, prinsesse, i Guds navn"
"before we speak of anything else"
"før vi taler om noget andet"
"for your own sake and mine"
"for din egen og min skyld"
"tell me what has become of the old lamp"
"fortæl mig hvad der er blevet af den gamle lampe"
"I left the lamp on the cornice in the hall of four-and-twenty windows"
"Jeg efterlod lampen på gesimsen i hallen med fire-og-tyve vinduer"
"Alas!" she said, "I am the innocent cause of our sorrows"
"Ak!" hun sagde: "Jeg er den uskyldige årsag til vores sorger"
and she told him of the exchange of the magic lamp
og hun fortalte ham om byttet af den magiske lampe
"Now I know," cried Aladdin
"Nu ved jeg det," råbte Aladdin
"we have to thank the magician for this!"
"vi må takke tryllekunstneren for dette!"
"Where is the magic lamp?"
"Hvor er den magiske lampe?"
"He carries the lamp about with him," said the Princess
"Han bærer lampen med sig," sagde prinsessen
"I know he carries the lamp with him"
"Jeg ved, han bærer lampen med sig"
"because he pulled the lamp out of his breast pocket to show me"
"fordi han trak lampen op af sin brystlomme for at vise mig"
"and he wishes me to break my faith with you and marry him"
"og han ønsker, at jeg skal bryde min tro med dig og gifte mig med ham"
"and he said you were beheaded by my father's command"
"og han sagde, at du blev halshugget efter min fars befaling"
"He is always speaking ill of you"
"Han taler altid dårligt om dig"

"but I only reply with my tears"
"men jeg svarer kun med mine tårer"
"If I can persist, I doubt not"
"Hvis jeg kan blive ved, tvivler jeg ikke"
"but he will use violence"
"men han vil bruge vold"
Aladdin comforted his wife
Aladdin trøstede sin kone
and he left her for a while
og han forlod hende for en stund
He changed clothes with the first person he met in town
Han skiftede tøj med den første person, han mødte i byen
and having bought a certain powder, he returned to the Princess
og efter at have købt et bestemt pulver, vendte han tilbage til prinsessen
the Princess let him in by a little side door
prinsessen lukkede ham ind ad en lille sidedør
"Put on your most beautiful dress," he said to her
"Tag din smukkeste kjole på," sagde han til hende
"receive the magician with smiles today"
"modtag tryllekunstneren med smil i dag"
"lead him to believe that you have forgotten me"
"få ham til at tro, at du har glemt mig"
"Invite him to sup with you"
"Inviter ham til middag med dig"
"and tell him you wish to taste the wine of his country"
"og sig til ham, at du vil smage hans lands vin"
"He will be gone for some time"
"Han vil være væk i nogen tid"
"while he is gone I will tell you what to do"
"mens han er væk, vil jeg fortælle dig, hvad du skal gøre"
She listened carefully to Aladdin
Hun lyttede nøje til Aladdin
and when he left she arrayed herself beautifully
og da han gik, indrettede hun sig smukt
she hadn't dressed like this since she had left her city

hun havde ikke klædt sig sådan, siden hun havde forladt sin by
She put on a girdle and head-dress of diamonds
Hun tog et bælte og en hovedbeklædning af diamanter på
she was more beautiful than ever
hun var smukkere end nogensinde
and she received the magician with a smile
og hun modtog tryllekunstneren med et smil
"I have made up my mind that Aladdin is dead"
"Jeg har besluttet mig for, at Aladdin er død"
"my tears will not bring him back to me"
"mine tårer vil ikke bringe ham tilbage til mig"
"so I am resolved to mourn no more"
"så jeg er fast besluttet på ikke at sørge mere"
"therefore I invite you to sup with me"
"Derfor inviterer jeg dig til at spise hos mig"
"but I am tired of the wines we have"
"men jeg er træt af de vine, vi har"
"I would like to taste the wines of Africa"
"Jeg vil gerne smage Afrikas vine"
The magician ran to his cellar
Magikeren løb til sin kælder
and the Princess put the powder Aladdin had given her in her cup
og prinsessen puttede pulveret Aladdin havde givet hende i sin kop
When he returned she asked him to drink to her health
Da han kom tilbage bad hun ham drikke for hendes helbred
and she handed him her cup in exchange for his
og hun rakte ham sit bæger i bytte for hans
this was done as a sign to show she was reconciled to him
dette blev gjort som et tegn på at vise, at hun var forsonet med ham
Before drinking the magician made her a speech
Før han drak, holdt tryllekunstneren en tale til hende
he wanted to praise her beauty
han ville prise hendes skønhed

but the Princess cut him short
men Prinsessen afskar ham
"Let us drink first"
"Lad os drikke først"
"and you shall say what you will afterwards"
"og du skal sige, hvad du vil bagefter"
She set her cup to her lips and kept it there
Hun stillede sin kop til sine læber og holdt den der
the magician drained his cup to the dregs
tryllekunstneren drænede sin kop til affaldet
and upon finishing his drink he fell back lifeless
og da han var færdig med at drikke, faldt han livløs tilbage
The Princess then opened the door to Aladdin
Prinsessen åbnede derefter døren for Aladdin
and she flung her arms round his neck
og hun slog armene om hans hals
but Aladdin asked her to leave him
men Aladdin bad hende om at forlade ham
there was still more to be done
der var stadig mere at gøre
He then went to the dead magician
Han gik derefter til den døde tryllekunstner
and he took the lamp out of his vest
og han tog lampen ud af sin vest
he bade the genie to carry the palace back
han bad ånden om at bære paladset tilbage
the Princess in her chamber only felt two little shocks
Prinsessen i sit kammer følte kun to små stød
in little time she was at home again
om lidt var hun hjemme igen
The Sultan was sitting on his balcony
Sultanen sad på sin altan
he was mourning for his lost daughter
han sørgede over sin mistede datter
he looked up and had to rub his eyes again
han så op og måtte gnide øjnene igen
the palace stood there as it had before

paladset stod der som før
He hastened over to the palace to see his daughter
Han skyndte sig over til paladset for at se sin datter
Aladdin received him in the hall of the palace
Aladdin modtog ham i paladsets hall
and the princess was at his side
og prinsessen var ved hans side
Aladdin told him what had happened
Aladdin fortalte ham, hvad der var sket
and he showed him the dead body of the magician
og han viste ham magikerens døde lig
so that the Sultan would believe him
så sultanen ville tro ham
A ten days' feast was proclaimed
En ti dages fest blev udråbt
and it seemed as if Aladdin might now live the rest of his life in peace
og det virkede som om Aladdin nu kunne leve resten af sit liv i fred
but his life was not to be as peaceful as he had hoped
men hans liv skulle ikke blive så fredeligt, som han havde håbet
The African magician had a younger brother
Den afrikanske tryllekunstner havde en yngre bror
he was maybe even more wicked and cunning than his brother
han var måske endnu mere ond og listig end sin bror
He travelled to Aladdin to avenge his brother's death
Han rejste til Aladdin for at hævne sin brors død
he went to visit a pious woman called Fatima
han gik for at besøge en from kvinde ved navn Fatima
he thought she might be of use to him
han tænkte, at hun kunde være til nytte for ham
He entered her cell and put a dagger to her breast
Han gik ind i hendes celle og lagde en dolk til hendes bryst
then he told her to rise and do his bidding
så sagde han, at hun skulle rejse sig og gøre sit bud

and if she didn't he said he would kill her
og hvis hun ikke gjorde det, sagde han, at han ville dræbe hende
He changed his clothes with her
Han skiftede tøj med hende
and he coloured his face like hers
og han farvede sit ansigt som hendes
he put on her veil so that he looked just like her
han tog hendes slør på, så han lignede hende
and finally he murdered her despite her compliance
og til sidst myrdede han hende trods hendes overholdelse
so that she could tell no tales
så hun ikke kunne fortælle historier
Then he went towards the palace of Aladdin
Så gik han mod Aladdins palads
all the people thought he was the holy woman
hele folket troede, at han var den hellige kvinde
they gathered round him to kiss his hands
de samlede sig om ham for at kysse hans hænder
and they begged for his blessing
og de bad om hans velsignelse
When he got to the palace there was a great commotion around him
Da han kom til paladset, var der stor tumult omkring ham
the princess wanted to know what all the noise was about
prinsessen ville vide, hvad al larmen handlede om
so she bade her servant to look out of the window
så hun bad sin tjener om at se ud af vinduet
and her servant asked what the noise was all about
og hendes tjener spurgte, hvad larmen gik ud på
she found out it was the holy woman causing the commotion
hun fandt ud af, at det var den hellige kvinde, der forårsagede ballade
she was curing people of their ailments by touching them
hun helbredte folk for deres lidelser ved at røre ved dem
the Princess had long desired to see Fatima
prinsessen havde længe ønsket at se Fatima

so she got her servant to ask her into the palace
så hun fik sin tjener til at bede hende ind i paladset
and the false Fatima accepted the offer into the palace
og den falske Fatima tog imod tilbuddet ind i paladset
the magician offered up a prayer for her health and prosperity
tryllekunstneren bad om hendes helbred og velstand
the Princess made him sit by her
Prinsessen fik ham til at sidde ved hende
and she begged him to stay with her
og hun bad ham blive hos hende
The false Fatima wished for nothing better
Den falske Fatima ønskede intet bedre
and she consented to the princess' wish
og hun indvilligede i prinsessens ønske
but he kept his veil down
men han holdt sit slør nede
because he knew that he would be discovered otherwise
fordi han vidste, at han ellers ville blive opdaget
The Princess showed him the hall
Prinsessen viste ham salen
and she asked him what he thought of the hall
og hun spurgte ham, hvad han syntes om salen
"It is a truly beautiful hall," said the false Fatima
"Det er en virkelig smuk hal," sagde den falske Fatima
"but in my mind your palace still wants one thing"
"men i mit sind vil dit palads stadig have én ting"
"And what is it that my palace is missing?" asked the Princess
"Og hvad er det, mit palads mangler?" spurgte prinsessen
"If only a Roc's egg were hung up from the middle of this dome"
"Hvis bare et Roc's æg blev hængt op fra midten af denne kuppel"
"then your palace would be the wonder of the world," he said
"så ville dit palads være verdens vidunder," sagde han

After this the Princess could think of nothing but the Roc's egg
Efter dette kunne prinsessen ikke tænke på andet end Roc's æg
when Aladdin returned from hunting he found her in a very ill humour
da Aladdin vendte tilbage fra jagt, fandt han hende i en meget dårlig humor
He begged to know what was amiss
Han bad om at vide, hvad der var galt
and she told him what had spoiled her pleasure
og hun fortalte ham, hvad der havde ødelagt hendes fornøjelse
"I'm made miserable for the want of a Roc's egg"
"Jeg er gjort ulykkelig af mangel på et Rocs æg"
"If that is all you want you shall soon be happy," replied Aladdin
"Hvis det er alt, du ønsker, skal du snart være lykkelig," svarede Aladdin
he left her and rubbed the lamp
han forlod hende og gned lampen
when the genie appeared he commanded him to bring a Roc's egg
da ånden dukkede op, befalede han ham at bringe et Roc's-æg
The genie gave such a loud and terrible shriek that the hall shook
Anden gav et så højt og frygteligt skrig, at salen rystede
"Wretch!" he cried, "is it not enough that I have done everything for you?"
"Stille!" råbte han, "er det ikke nok, at jeg har gjort alt for dig?"
"but now you command me to bring my master"
"men nu befaler du mig at bringe min herre"
"and you want me to hang him up in the midst of this dome"
"og du vil have mig til at hænge ham op midt i denne kuppel"
"You and your wife and your palace deserve to be burnt to ashes"
"Du og din kone og dit palads fortjener at blive brændt til aske"

"but this request does not come from you"
"men denne anmodning kommer ikke fra dig"
"the demand comes from the brother of the magician"
"kravet kommer fra troldmandens bror"
"the magician whom you have destroyed"
"magikeren, som du har ødelagt"
"He is now in your palace disguised as the holy woman"
"Han er nu i dit palads forklædt som den hellige kvinde"
"the real holy woman he has already murdered"
"den rigtige hellige kvinde, han allerede har myrdet"
"it was him who put that wish into your wife's head"
"det var ham, der satte det ønske ind i din kones hoved"
"Take care of yourself, for he means to kill you"
"Pas på dig selv, for han vil slå dig ihjel"
upon saying this, the genie disappeared
ved at sige dette, forsvandt ånden
Aladdin went back to the Princess
Aladdin gik tilbage til prinsessen
he told her that his head ached
han fortalte hende, at hans hoved gjorde ondt
so she requested the holy Fatima to be fetched
så hun bad om at hente den hellige Fatima
she could lay her hands on his head
hun kunne lægge hænderne på hans hoved
and his headache would be cured by her powers
og hans hovedpine ville blive helbredt af hendes kræfter
when the magician came near Aladdin seized his dagger
da tryllekunstneren kom nær, greb Aladdin hans dolk
and he pierced him in the heart
og han gennemborede ham i hjertet
"What have you done?" cried the Princess
"Hvad har du gjort?" råbte prinsessen
"You have killed the holy woman!"
"Du har dræbt den hellige kvinde!"
"It is not so," replied Aladdin
"Det er ikke sådan," svarede Aladdin
"I have killed a wicked magician"

"Jeg har dræbt en ond magiker"
and he told her of how she had been deceived
og han fortalte hende, hvordan hun var blevet bedraget
After this Aladdin and his wife lived in peace
Efter dette levede Aladdin og hans kone i fred
He succeeded the Sultan when he died
Han efterfulgte sultanen, da han døde
he reigned over the kingdom for many years
han regerede over riget i mange år
and he left behind him a long lineage of kings
og han efterlod sig en lang slægt af konger

The End
Slutningen

www.tranzlaty.com

www.ingramcontent.com/pod-product-compliance
Lightning Source LLC
Chambersburg PA
CBHW012010090526
44590CB00026B/3957